CON GRIN SU CONOCIMIENTOS VALEN MAS

- Publicamos su trabajo académico,
  tesis y tesina

- Su propio eBook y libro - en todos
  los comercios importantes del mundo

- Cada venta le sale rentable

Ahora suba en www.GRIN.com
y publique gratis

Amber Barbara Kearse, Simón Fercovic, Andrés Grekin, Yago Lefort

Rape Culture. Un análisis psicosocial

GRIN Publishing

Bibliographic information published by the German National Library:

The German National Library lists this publication in the National Bibliography; detailed bibliographic data are available on the Internet at http://dnb.dnb.de .

Imprint:

Copyright © 2013 GRIN Verlag, Open Publishing GmbH
Print and binding: Books on Demand GmbH, Norderstedt Germany
ISBN: 978-3-656-96127-7

This book at GRIN:

http://www.grin.com/es/e-book/299665/rape-culture-un-analisis-psicosocial

GRIN - Your knowledge has value

Since its foundation in 1998, GRIN has specialized in publishing academic texts by students, college teachers and other academics as e-book and printed book. The website www.grin.com is an ideal platform for presenting term papers, final papers, scientific essays, dissertations and specialist books.

Visit us on the internet:

http://www.grin.com/

http://www.facebook.com/grincom

http://www.twitter.com/grin_com

Rape Culture, un análisis psicosocial

Psicología Social PSI1205, Sección 1

Autores: Amber Barbara Kearse, Simón Fercovic, Andrés Grekin, Yago Lefort

Lunes 29 de Noviembre 2013

La patriarquía, el machismo y otros sistemas de ideología sexista, son basados en el poder y dominación del hombre sobre la mujer. La ideología sexista es un conjunto de creencias sobre roles de género, características, y comportamientos apropiados para los hombres, las mujeres y sus relaciones. Se soporta la subordinación y subyugación de las mujeres perpetuando las nociones dominantes de la supremacía del hombre (Durán, Moya, Megías & Viki, 2010; Lea, 2007). Si bien la violación sexual es usualmente cometida por un hombre hacia una mujer, en sociedades caracterizadas por un orden patriarcal (Lea, 2007), ya el abuso o acoso de hombres está siendo reportado con más frecuencia que antes. Sin embargo, todavía las mujeres siguen siendo la mayoría de las víctimas (Suarez & Gadalla, 2010).

En este contexto descrito, surge un concepto sumamente interesante y relevante a la hora de analizar la sociedad en materia de violencia sexual y discriminación. *Rape Culture,* se refiere a la manera en que en una sociedad se manifiesta hacia la violación y otros tipos de violencia sexual, bajo un prisma de aceptación validado social y culturalmente. Este prisma incluye todas las actitudes, prácticas y/o comportamientos que toleran o avalan la violación. Si bien bajo esta definición del concepto podrían darse casos en que la rape culture esté orientada en contra de ambos sexos, el fenómeno se da predominantemente en contra de las mujeres, siendo la mayor parte de los ataques dirigidos hacia ellas (Viki & Abrams, 2002).

En parte por esto el fenómeno ha sido vinculado al machismo, patriarquismo y a las nociones tradicionales de género, según las cuales es difícil que un hombre sufra una violación dado su supuesto constante interés en las relaciones sexuales y el rol dominante que suele ejercer. Las nociones tradicionales de género asocian la sumisión y la diligencia a las "buenas mujeres", produciéndose de esta manera una diferenciación entre "mujeres buenas y malas", lo cual facilita atribuir culpa a ciertas víctimas de violación (Schult & Schneider, 1991; Viki & Abrams, 2002). Cuando el apego a los roles de género tradicionales y estas creencias sexistas se instalan en una sociedad o cultura, la conceptualización de la violación suele asociar la responsabilidad y culpa del acto con la víctima, trivializando el daño a la integridad física y psicológica de esta y otras posibles consecuencias, y minimizando el rol del perpetrador (Lea, 2007; Viki & Abrams, 2002; Suarez & Gadalla, 2010; Schult & Schneider, 1991; Donovan, 2007).

En base a esto y a ciertos temas que hemos estudiado en el curso como las actitudes, el aprendizaje social, los estereotipos y los prejuicios, hemos decidido analizar la manera en que el apego a los roles de género tradicionales y las creencias sexistas perpetúan la *rape culture* en una cultura o sociedad.

Según Lea (2007), nociones culturalmente dominantes sobre la violación sexual construyen el discurso sobre esta misma. Gran parte de las actitudes y creencias que toleran y avalan la violación sexual pertenecen a lo denominado *Rape Myth* (la mitología de violación sexual). Rape myths son creencias culturales ficticias que responsabilizan a la víctima por los actos del perpetrador. (Suarez & Gadalla, 2010) Algunos de los mitos más típicos son la idea de que el vestuario o "atractividad" sea causal de violación; que hay cierto tipo de mujer que "puede" ser violada y el resto no; que el acto de violar a alguien es parte de la naturaleza del varón, resultado de un instinto sexual evolucionario y no sobre el poder y la dominación del hombre sobre la mujer; o incluso la creencia de que la mayoría de las acusaciones sobre violación sean falsas (Schult & Schneider, 1991; Viki & Abrams, 2002; Donovan, 2007; Chiroro, Bohner, Vicki & Jaris, 2004; O'Byrne, Hansen & Rapley, 2008). Estas consideraciones son muy prevalentes en nuestras sociedades y juegan un rol fundamental al justificar el crimen (Suarez & Gadalla, 2010; Chiroro et al., 2004). Proponen que los mitos en torno a las violaciones sexuales son creídos en algún sentido, incidiendo en el juicio que se tiene respecto a los casos de violación.

Por eso y otros factores, la sociedad y los conocidos de las víctimas pueden ser de poca ayuda. El criticismo que se acompaña al ser violada, puede conducir a no revelar lo acontecido. Las víctimas de violación sexual tienen más riesgo de varias patologías después del abuso, incluyendo Trastorno por estrés postraumático, depresión, trastornos somatoformes, y más; también, es muy común sentir vergüenza, culpa y aislamiento después de un acto de abuso, de todas maneras dejando a la víctima vulnerable (Kesler, 1996; Yuan, Koss & Stone, 2006). El rol de soporte es fundamental después de una violación. Esto se muestra bien en el caso de mujeres que eran víctimas siendo niñas; las que sobreviven un abuso sexual durante su niñez son más susceptibles a la revictimización cuando adulta, una probabilidad que la influencia de soporte puede reducir (Kesler, 1996). En la actualidad las víctimas que han sufrido más de una violación, reciben una reacción peor por parte del entorno, porque los otros asocian la probabilidad incrementada con responsabilidad de la víctima (Schult & Schneider, 1991). Las reacciones negativas afectan mucho la respuesta de la víctima hacía su violación, pero aun así muchas veces la gente responde negativamente a las víctimas que deciden confesar que han vivido violencia sexual (Ullman, Townsend, Filipas & Starzynski, 2007). El hecho de que una víctima reporte su violación es muy relacionada con su percepción y la percepción comunitaria de la violación, y como sabemos, la mayoría de violaciones sexuales no son reportadas (Donovan, 2007; Suarez & Gadalla, 2010; Campbell, Peterson & Bybee, 2012). Por las características recién expuestas se puede entender que las víctimas perciban a la sociedad como un sistema que les perjudica, perpetuando la *rape culture*. De los pocos casos reportados, la mayoría nunca continúa la prosecución. Además, el sistema de procesamiento de víctimas de abusos sexuales en los hospitales muchas veces no es adecuado en la recolección de datos, por ejemplo al no utilizar análisis de ADN, el cual incrementaría la probabilidad de seguimiento del caso (Campbell et al., 2012; véase también Suarez & Gadalla, 2010; O'Byrne et al., 2008; Truman, Tocar & Fischer, 1998). La sociedad reproduce las consecuencias de *rape culture* sistemáticamente, ya que la sociedad es una construcción de la gente.

En este sentido, es evidente la relación entre el entorno social y la existencia o no de la *rape culture*. Como también está ligado el aprendizaje observacional, el cual tácitamente nos revela las nociones de género existentes en un medio social determinado, y la manera en que estas se enseñan a las generaciones aprendices. Al estar las creencias y actitudes propias de la *rape culture* inmersas en la cultura, se transmiten en todos los modos socioculturales, como son la familia, los medios de comunicación, las escuelas, etc. Es así como persisten a través del tiempo. De esta misma forma de transmisión sociocultural, las actitudes conforman una pieza clave en la comprensión del fenómeno, en tanto la *rape culture* se caracteriza por contener actitudes determinadas hacia los actos de violencia sexual y las violaciones, generando la normalización y tolerancia.

El surgimiento de posturas opuestas al *rape culture* en cierto tipo de culturas (generalmente las occidentales) revela que se ha generado una especie de conciencia y cambio de actitud respecto a la mujer y la violación, disminuyendo la violencia sexual contra y posterior atribución de culpa a la mujer. Esto bien podría deberse a factores de deseabilidad social o a cambios interiorizados en la actitud de las personas opositoras y críticas de la *rape culture*.

En contraste, algunas otras culturas no han pasado por este cambio y la influencia del aprendizaje social y traspaso de actitudes por observación se tornan muy fuertes. Este es el caso en sociedades en las que los miembros tienen menos libertades y existe una autoridad fuerte que divulga estas visiones, haciendo que la gente las incorpore ya sea por temor, conformismo, cosificación, etc. Un ejemplo para el primer tipo de sociedad descrito es cualquier país que condene la violación y la considere un delito que debe ser castigado, y que sea coherente en su actuar con esta actitud. Para la segunda están aquellas sociedades con líderes religiosos extremistas, como ocurre en algunas sociedades musulmanas que apedrean a la mujer por revelar su cuerpo y justifican cualquier agresión sexual en contra de ella considerando al hombre incapaz de resistir la tentación que provocó la mujer.

En el discurso profesional y cotidiano sobre la violación sexual, está conceptualizado en términos de sexo en lugar de violencia. Es construido como sexo consensual, oscureciendo la distinción entre sexo y abuso en una manera que el crimen parece centrarse en el deseo sexual, y no en problemas de poder y control. Se disfraza la naturaleza del tema, el rol activo del abusador y las consecuencias en la vida de la víctima (Lea, 2007; O'Byrne et al., 2008). De esta manera, poniendo la carga de la problemática en un discurso moderado, en términos de "sexo", el interés sexual desde lo que Lea (2007) llama "discourse of desire" (*el discurso del deseo*), se legitima las acciones como más o menos entendibles. Esta noción es seguida por el "discourse of common sense" (*discurso de sentido común*), la idea que "los hombres sean incontrolables", las mujeres deben evadir su atención. La idea central de este discurso es que los varones son conducidos por una fuerte necesidad biológica no mediada socialmente y que las mujeres siempre están en riesgo de iniciarla. Se encuentran ideas parecidas en O'Byrne et al. (2008), como el "social structural model" (modelos estructurales sociales), la noción que si uno vive en una cultura o sociedad donde es probable o aceptado el abuso sexual debido a una "naturaleza", es justificada; el "victim precipitation model" (*modelo de precipitación de la víctima*) que se propone que todas las mujeres desean relaciones sexuales forzadas a nivel subconsciente y poniéndose en contacto con los hombres se hace responsable por su violación; y lo más dominante, el "miscommunication model" (*modelo de error en comunicarse*) que propone que las violaciones realmente son fracasos de comunicación, que los hombres no pueden entender sus señales y las mujeres no pueden comunicar claramente sus deseos de tener o no tener sexo. Las dos últimas emplean anécdotas de "token refusals and acceptances" (refutaciones y aceptaciones novedades) donde la mujer está diciendo no, pero tratando de señalar consentimiento "subliminalmente". El producto de esas ideas es la deslegitimación de la víctima y la transferencia de culpa a ella, lo que se llama *victim-blaming* (Lea, 2007; Viki & Abrams, 2002; Suarez & Gadalla, 2010; Schult & Schneider, 1991; Donovan, 2007). Claramente esas ideologías son de una manera parte de los *rape myths*, y recíprocamente pueden darle sentido o facilitar la aceptación de ellos. Como la construcción de *rape culture* misma, todos estos factores están vinculados con la patriarquía, o en términos simples, el sexismo.

En parte, esto se ve respaldado en el hecho de que los hombres que apoyan los roles tradicionales de género tienden a tener más creencias y actitudes apoyadoras de *date rape*, la violencia sexual llevada a cabo por un conocido de la víctima (Truman, Toker & Fischer, 1996). Por otra parte, una actitud negativa hacia el feminismo está correlacionada con aceptación de *rape myths* y es un predictor de actitudes apoyadoras de *date rape* (Suarez & Gadalla, 2010; Stokes et. al., 2000). La aceptación de la violencia interpersonal es debido principalmente por representaciones de una supuesta "masculinidad" y de manera distinta, la anti-feminidad, corresponde a aceptaciones de *rape myth* (Stokes et. al., 2000; Chiroro et.

al., 2004). *Rape culture* sería un mecanismo de auto-apoyo.

Mirando el sexismo se puede ver cómo funciona *rape culture* de una manera no completamente obvia y convincente. Usualmente, pensamos en el sexismo como el sexismo hostil, la típica antipatía hacia las mujeres, pero la literatura deja en claro que el sexismo benevolente, las actitudes sexistas que subjetivamente parecen positivas y afectivas hacia las mujeres, son una herramienta más útil para *rape culture* (Viki & Abrams, 2002). Es común en las mujeres el sometimiento al hombre y hacia "papeles tradicionales" (Durán et. al., 2010). En ambos estudios de Durán et. al. (2010) y Viki & Abrams (2002), los hombres con tendencias sexistas benevolentes atribuyen más culpa a las víctimas en situaciones que se violan "papeles tradicionales" de las mujeres en una relación. En los experimentos en Durán et. al. (2010), el sexismo benevolente y hostil hubo resultados interesantes. Por un lado el sexismo hostil era relacionado por los participantes como culpa de la víctima generalmente, y por el otro lado, el sexismo benevolente era interpretado por los participantes como victim-blame cuando la mujer aparecía como fuera de un rol aceptable en la sociedad. A su vez, en la investigación de Schult & Schneider (1991), se comprobó que hombres eran más propensos a utilizar victim-blame que mujeres y viceversa, las mujeres eran más propensas a culpar al perpetrador (Durán et. al., 2010). En general las víctimas provocativas (atractivas) y con experiencia sexual son más susceptible a victim-blaming, por salir fuera de los "roles aceptables" de la sociedad (Schult & Schneider, 1991; Viki & Abrams, 2002). Como se mencionó antes, el sistema de patriarquía y rape culture es generalmente contra-mujer y vinculado por la mantención de poder masculino, pero se debe reconocer la manera en que se ha perjudicado a los hombres. La inherencia de estas actitudes son problemáticas no solo por enseñarles que es aceptable posicionarse así contra mujeres, sino también porque los hombres con identidades fuera de la noción tradicional también sufren la regulación de identidad por la patriarquía. Los hombres que sí son víctimas sexuales, en la mayoría de los casos por otros hombres, tienen que aceptar su violación bajo la idea que los machos no son víctimas o con las mencionadas ideas de que tiene instintos animalísticos no controlables y entonces tuvieron que desear cualquiera experiencia (O'Byrne et. al., 2008; Lea 2007). *Rape culture* puede beneficiar a los hombres en términos de poder y dominación, como grupo, pero realmente es perjudicial para todo el mundo.

Concluyendo la investigación, la *rape cultura* es un temática claramente psicosocial y que genera conflictos en nuestra sociedad. *Rape culture* ha llegado a instaurarse en gran parte del mundo principalmente a través de estereotipos, prejuicios y categorías de poder minimizando y abusando de las mujeres, mayoritariamente (se señaló los casos que ocurren en contra de hombres). Es decir, simplemente se ha menospreciado y agredido a la mujer ocultando la situación en base a supuestos "roles sociales", de creencias religiosas, o que son actos culturales difíciles de cambiar. Estas situaciones han sido el pilar de esta imposición de poder. Por otra parte, como bien lo describe Lea (2007), esta construcción social va impregnándose en la percepción de las personas, transformándose en un suceso cultural, donde las mismas nociones sobre el abuso sexual van modelando aún más la problemática. Los *Rape Myths*, que podrían ser vistos desde el ojo de la Psicología Social como un prejuicio, son un ejemplo de cómo los mismos discursos en torno a las situaciones de abusos sexuales, van complejizando y construyendo esta noción social, que concluye siendo parte del día a día, parte de nuestra cultura. Por esto mismo es la conceptualización del *Rape Culture*, ya que esta integra los prejuicios sociales, los estereotipos de género, las ideologías y las categorías de poder, dando cuenta del gran engranaje que ha llevado a la construcción de ésta. Por último, creemos necesario la utilización de este concepto en las distintas instancias de discusión, ya sea académicamente o en el uso cotidiano, ya que esto

permitirá la relectura de nuestro mundo social y de disminuir las situaciones en que no nos

percatamos que los discursos en nuestro entorno influyen en nosotros. Por ende, creemos

que debe ser un tema abordado desde la Psicología, y entre sus ramas, la Psicología Social,

creando una postura frente a esta problemática.

Referencias

Campbell, R., Patterson, D., & Bybee, D. (2012). Prosecution of adult sexual assault cases: A longitudinal analysis of the impact of a sexual assault nurse examiner program. *Violence Against Women, 18*(2), 223-244. doi: 10.1177/1077801212440158

Chiroro, P., Bohner, G., Viki, G. T., & Jarvis, C. I. (2004). Rape myth acceptance and rape proclivity: Expected dominance versus expected arousal as mediators in acquaintance-rape situations. *Journal of Interpersonal Violence, 19*(4), 427-441. doi: 10.1177/0886260503262081

Donovan, R. A. (2007). To blame or not to blame: Influences of target race and observer sex on rape blame attribution. *Journal of Interpersonal Violence, 22*, 722-736. doi: 10.1177/0886260507300754

Durán, M., Moya, M., Megías, J. L., & Viki, G. T. (2010). Social perception of rape victims in dating and married relationships: The role of perpetrator's benevolent sexism. *Sex Roles, 62*(7-8), 505-519. doi: 10.1007/s11199-009-9676-7

Kessler, B. L. (1996). A retrospective analysis of shame, dissociation, and adult victimization in survivors of childhood sexual abuse. (Order No. 9716244, The Pennsylvania State University). *ProQuest Dissertations and Theses*, 205-205. doi: 10.1037/0022-0167.46.3.335

Lea, S., J. (2007). A discursive investigation into victim responsibility in rape. *Feminism & Psychology, 17*(4), 495-514. doi: 10.1177/0959353507083101

O'Byrne, R., Hansen, S., & Rapley, M. (2008). "If a girl doesn't say 'no'...": Young men, rape and claims of 'insufficient knowledge'. *Journal of Community & Applied Social Psychology, 18*(3), 168-193. doi: 10.1002/casp.922

Schult, D.G., & Schneider, L.J. (1991). The Role of Sexual Provocativeness, Rape History, and Observer Gender in Perceptions of Blame in Sexual Assault', *Journal of Interpersonal Violence, 6*(1): 94-101. doi: 10.1177/088626091006001007

Stokes, P. P., Stewart-Belle, S., Barnes, J. M. (2000). The Supreme Court holds class on sexual harassment: How to avoid a failing grade. *Employee Responsibilities and Rights Journal,* 12(2), 79-91. doi: 10.1023/A:1007821830426

Suarez E., Gadalla T. M. (2010). Stop blaming the victim: A meta-analysis on rape myths. *Journal of Interpersonal Violence, 25,* 2010–2035. doi: 10.1177/0886260509354503

Truman, D. M., Tokar, D. M., & Fischer, A. R. (1996). Dimensions of masculinity: Relations to date rape supportive attitudes and sexual aggression in dating situations. *Journal of Counseling & Development, 74*(6), 555-562. doi: 10.1002/j.1556-6676.1996.tb02292.x

Ullman S. E., Townsend S. M., Filipas H. H., & Starzynski L. L. (2007). Structural models of the relations of assault severity, social support, avoidance coping, self-blame, and PTSD among sexual assault survivors. *Psychology of Women Quarterly, 31,* 23-37. doi: 10.1111/j.1471-6402.2007.00328.x

Viki, G. T., & Abrams, D. (2002). But she was unfaithful: Benevolent sexism and reactions to rape victims who violate traditional gender role expectations. *Sex Roles, 47*(5), 289-293. doi: 10.1023/A:1021342912248

Yuan, N. P., Koss, M.P., & Stone, M. (2006, Marzo). The Psychological Consequences of Sexual Trauma. Harrisburg, PA: VAWnet, a project of the National Resource Center on Domestic Violence. Sitio Web: http://www.vawnet.org